AF253532

OBSERVATIONS

SUR

DIVERS OBJETS

D'UTILITÉ PUBLIQUE.

LOTTIN DE SAINT-GERMAIN, IMPRIMEUR DU ROI.

OBSERVATIONS

SUR DIVERS OBJETS

D'UTILITÉ PUBLIQUE.

Par M. le Baron BLEIN,

Maréchal de Camp, ex-Inspecteur-Général
du Génie.

Les spéculations sur la hausse et la baisse des fonds publics touchent à leur fin. La France ayant rempli ses engagemens, et se trouvant bientôt libérée des charges qui ont pesé si longtemps sur elle, verra enfin son dernier emprunt. L'équilibre rétabli entre la dépense et les recettes remettra bientôt l'intérêt de l'argent au pair, et les capitalistes ne trouvant plus ces chances énormes et rapides de bénéfices dans sa fluctuation, seront contraints heureusement de se porter uniquement sur les spéculations du commerce, de l'industrie, de l'agriculture, et sur les objets d'une grande utilité publique. Déjà le pont de Bordeaux, le canal de la Sensée, et celui de l'Ourcq vont s'achever par des concessions faites à plusieurs d'entr'eux, et que le Gouvernement a encouragées.

Les assurances commerciales, maritimes, celles des incendies, celles même sur la vie des hommes; les projets de caisses hypothécaires, d'épargnes, les tontines, établissemens qui tous ont prospéré en Angleterre et aux États-Unis, et dont tout le monde sent l'avantage et l'utilité, se forment, s'organisent, s'étendent, n'ont besoin que de la stabilité du repos, de la durée de la paix, et du maintien du calme au dehors comme au dedans de l'Etat, pour attirer cette confiance générale qui est le principe de leurs succès.

Il y a plusieurs entreprises importantes à terminer; il y en a une foule à créer en France. Le commerce intérieur n'a pas assez de communications navigables. Celles de beaucoup de fleuves sont difficiles, dispendieuses, et par trop lentes. Pourquoi n'achève-t-on point le canal de Bourgogne qui lie la Seine à la Saone? Pourquoi ne rend-on pas la navigation du Rhône plus facile en remontant ce fleuve, par un canal latéral? Pourquoi ne lui ouvre-t-on pas une issue dans la Méditerrannée? Marseille a besoin de ce débouché vers la Capitale. Tout ce qui tend vers Paris, tout ce qui s'en approche est du plus haut intérêt. La navigation de la Loire entre Angers et Orléans, en remontant, est presqu'aussi difficile que celle du Rhône. Pourquoi ne pense-t-on pas à ce projet de navigation par le Loir, que l'on remonterait jusques au-dessus de Vendôme, pour venir ensuite à travers le plateau de la Béauce, joindre l'Essonne à Pithiviers? Pourquoi ne reprend-on point ce projet approuvé, autorisé en 1791, d'établir une navigation plus directe d'Orléans à Paris par le canal de l'Essonne, auquel viendrait s'embrancher le précédent? La navigation de la Seine, du Hâvre à Paris, est trop longue, et souvent interrompue dans les basses eaux. Pourquoi ne cherche-t-on pas à l'abréger par des redressemens? ou plutôt pourquoi n'entreprend-on pas ce canal de Dieppe à Paris, dont on a entrevu la possibilité, et dont les avantages seraient si immenses (1)? Pourquoi ne songe-t-on point aussi à perfectionner la navigation de la Marne, à achéver le canal de Saint-Maur, et à mettre à profit la chute d'eau qui doit en résulter, qui sera à-peu-près le quart de celle employée ci-devant à la machine de Marly; que Montgolfier avait

---

(1) Ce n'est que par sa construction que le bassin de la Villette obtiendra les avantages brillants dont M. Say a parlé dans son Mémoire sur le canal de l'Ourcq.

évaluée à 5oo,ooo francs de revenu net, et qu'il avait peut-être estimée beaucoup trop bas, Mais la chute de Marly était une gêne pour la navigation , et celle de Saint-Maur sera son superflu.

Pourquoi ne fait-on pas une application plus heureuse des machines à vapeurs, et des systèmes de pompes telles que M. Brunet les a imaginées et telles qu'elles ont été perfectionnées par MM. Martin et Cécile? Les premières peuvent accélérer la navigation lente des canaux , au point de la rendre plus prompte que le roulage accéléré , quoiqu'à moins de frais : les secondes , mues par les premières ou par une chute d'eau telle que celle de S.-Maur , serviraient à élever une grande masse d'eau à telle hauteur qu'on voudrait, soit pour alimenter une ville, soit pour fournir au point de partage de quelque canal , celle qui serait nécessaire pour entretenir une grande navigation. On dit que 20 millions ont déjà été dépensés par la ville de Paris, tant pour amener les eaux de l'Ourcq au bassin de la Villette, que pour en faire la distribution dans les divers quartiers de la Capitale, et pour ébaucher le canal de S.-Denis : que sept millions ont été aussi consommés dans les travaux de la coupure de S.-Maur , jusqu'à présent sans utilité.

N'est-il pas urgent d'achever de si grandes entreprises, lorsqu'il reste si peu à faire pour en obtenir des résultats avantageux?

Mais, dira-t-on, la navigation du Rhône et de la Loire, en remontant ces fleuves jusqu'à Lyon et jusqu'à Orléans, n'est plus désormais d'une grande utililé, puisque nous jouissons de la paix, et que les transports peuvent se faire par mer à moins de frais. Le canal de Bourgogne est inutile, puisque le canal du centre remplit le même objet. Le canal de l'Essonne et celui du Loir sont superflus, puisque la Loire et le canal d'Orléans établissent une communication suffisante pour le temps de paix. La navigation de la Seine a suffi jusqu'à présent telle qu'elle existe entre le Havre et Paris; cette ville et celle de Rouen perdraient trop à l'établissement d'une nouvelle navigation de Dieppe à Paris. On ira même jusqu'à dire que ces nouvelles communications porteront un grand préjudice aux propriétaires des canaux actuels, ou aux droits du Gouvernement sur ceux qui sont sa propriété; ou aux intérêts des bateliers et des loueurs de chevaux employés maintenant sur les fleuves, à la conduite et à la remorque des bateaux, et peut-être même aux voituriers qui, dans l'insuffisance de nos moyens actuels de communication par eau, transportent à grands frais par terre une masse énorme de marchandises, si l'on en juge seulement par l'établissement de plus de trente maisons de roulage qui existent à Paris. Ne voit-on pas que de telles considérations seraient subversives de tout moyen d'amélioration et d'économie dans l'intérêt des consommateurs, et que c'est pourtant là le but constant et immuable où tendent le commerce et l'industrie, et que les Gouvernemens doivent incessamment favoriser, par tous les moyens qui sont en leur pouvoir, par leurs encouragemens, et enfin par leur propres exemples.

N'est-ce pas en effet un blasphême en économie politique que de dire qu'il n'est point de la dignité du Gouvernement de favoriser une nouvelle concession, dont l'avantage ne saurait être contesté, mais qui pourrait faire quelque tort à une concession antérieure; et ne doit-on pas être étonné qu'un tel principe ait été mis en avant par des ingénieurs d'un grand talent, dont on devait attendre plutôt un avis favorable aux intérets généraux du commerce et des consommateurs, et au développement des progrès de l'art. C'est pourtant ce qui vient d'avoir lieu récemment dans le rapport d'une commission composée de plusieurs Inspecteurs-généraux des ponts et chaussées, sur la demande faite de reprendre les travaux du canal de l'Essonne, qui doit ouvrir une navigation entre Orléans et Paris, plus courte de 18 lieues que la navigation actuelle, et dont la concession a été autorisée en 1791 par une loi sanctionnée par le Roi.

Ce rapport a été combattu. Un mémoire qui paraît répondre à toutes les objections qu'il contient, a été remis à l'Autorité, ainsi que l'annonce un prospectus publié sur cette affaire par M. le chevalier de Lalanne; et la demande en deuxième subrogation à la première concession de ce canal a été renouvelée. Espérons que le conseil des Ponts et Chaussées, ramené aux seuls bons et vrais principes d'économie politique, émettra un avis favorable à une entreprise évidemment utile et avantageuse.

En effet, que peut-on raisonnablement lui opposer? Les intérêts des canaux actuels d'Orléans, de Briare et du Loing? L'objection est ridicule à l'égard des derniers qui conserveront toute la navigation de la Haute-Loire, le canal nouveau de l'Essonne ne devant recevoir à Orléans que les marchandises qui remontent ce fleuve depuis Nantes. Ce n'est donc que le canal d'Orléans qui pourrait perdre une grande partie de ses produits, les marchandises devant prendre nécessairement de préférence une direction plus courte de 18 lieues. Cependant le bief de partage de ce canal et les biefs inférieurs qui versent dans le canal du Loing serviront encore à l'exploitation de la forêt et au transport des denrées de la partie supérieure du plateau. Ce qu'il y a de défavorable à cet égard pour le canal d'Orléans prouve encore mieux l'avantage, et nous dirions même, la nécessité du nouveau canal. D'ailleurs, la loi de 1791 n'a-t-elle pas décidé la question ?

On a prétendu que l'on ne pourrait réunir assez d'eau au point de partage du canal de l'Essonne, que l'on a proposé d'établir au col de l'Esse, au-dessus de Loury, qu'en faisant une fouille de 25 à 26 mètres de profondeur, au point culminant, afin de pouvoir y amener par des rigoles d'enceinte toutes les eaux supérieures des étangs et du plateau. Alors la dépense de ce bief de partage serait de plus de quatre millions suivant M. Polonceau, ingénieur en chef des ponts et chaussées à Versailles ; de trois millions de plus suivant le rapport que nous avons cité ; et la difficulté d'une telle fouille serait, nous l'avouerons, beaucoup plus effrayante encore que sa dépense, dans un terrain que l'on soupçonne contenir de grands bancs de glaises et de sables mouvants, ainsi qu'on en a trouvé au bief de partage du canal d'Orléans., dans une fouille de 15 à 16 mètres. Mais on peut choisir un point plus bas sur le plateau, pour y établir ce bief de partage, et les cols de Saint-Lié, Ambert et Chanteau sont en effet plus bas de 10 à 12 mètres que celui de l'Esse. En second lieu, il n'est point indispensable d'amener à grands frais par de longues rigoles et des réservoirs factices, où les eaux pourraient se perdre par les filtrations et les évaporations, le volume d'eau nécessaire pour une navigation de 6000 bateaux comme le propose M. Polonceau. Une navigation de 4000 bateaux est plus que suffisante, et 3000 bateaux assurent les bénéfices de l'entreprise. Il n'est point nécessaire par conséquent d'abaisser le bief de partage du canal de l'Essonne au-dessous de celui du canal d'Orléans, tandis qu'il serait convenable au contraire d'établir ces deux biefs à la même hauteur, afin de les faire communiquer l'un à l'autre, et de conserver par-là au canal d'Orléans l'avantage de servir à la navigation d'Orléans à Paris, dans les temps où elle pourrait se trouver interrompue dans la vallée de l'Essonne.

Nous savons que l'on a proposé de donner une indemnité de deux millions aux actionnaires du canal d'Orléans, s'ils consentaient à établir cette communication, en détruisant la portion de ce canal qui verse dans la Loire, attendu qu'alors les frais de l'entretien d'une partie de ce canal excéderaient les revenus qu'il pourrait percevoir. Il ne faut pas croire que cette convention ne fut avantageuse qu'au nouveau canal de l'Essonne. La note (*A*) du prospectus de M. le chevalier de Lalanne prouve qu'avec une dépense moindre que cette somme, on éléverait par une machine à vapeurs à ce bief de partage, le volume d'eau (prise dans la Loire), suffisant pour une navigation de 3000 bateaux. On n'y parle cependant que des machines de M. Edwards; et si l'on établissait des machines à double effet et le méchanisme employé avec succès par MM. Martin et Cécile à la nouvelle machine de Marly, il y a tout lieu de croire qu'on obtiendrait de bien plus grands résultats avec la même dépense. Le peu d'éloignement qu'il y aurait des rives de la Loire à l'une des extrémités du bief de partage, dispenserait d'ailleurs de construire la tour à réservoir dont on y fait mention, et permettrait de se contenter d'un seul tuyau d'ascension dont la pente serait réglée uniformément sur le flanc peu rapide du côteau d'Orléans.

En effet, les deux systèmes de pompes établis

par M. Cécile à Marly, et mus par deux roues seulement de l'ancienne machine, élèvent 1200 mètres cubes d'eau par jour en 24 heures à une hauteur de 155 mètres. Ils pourraient donc en élever 6000 mètres cubes à 31 mètres; or cette hauteur est celle du bief de partage proposé, au-dessus de la Loire prise immédiatement à Orléans : et ce volume d'eau serait suffisant pour le passage de dix bateaux par jour. M. Cécile pense même qu'on obtiendrait un résultat encore plus avantageux à cette dernière hauteur, la pression de la colonne d'eau se fesant bien moins sentir, et exposant d'ailleurs la machine et les tuyaux à beaucoup moins d'accidents et d'avaries.

Ne saurait-on donc employer des moyens si simples, si faciles à présent, et surtout si peu dispendieux (1), à des objets d'une aussi grande utilité que celle de la navigation, quand on a vu dépenser 8 millions en 1680, qui en vaudrait 20 à présent, pour le but futile de faire jaillir des eaux en l'air dans les jardins de Versailles, de Marly et de S.-Cloud.

La circonstance particulière au canal de

---

(1) L'établissement des deux systèmes de pompes de M. Cécile à la machine de Marly, la réparation d'une roue, et le tuyau de conduite ascendant, n'ont pas coûté 200,000 francs.

l'Essonne, qui doit traverser une vallée remplie de tourbe, qu'il faut nécessairement fouiller pour ouvrir le canal, doit surtout déterminer à lui appliquer ce moyen de lui fournir les eaux nécessaires à sa navigation; elle y favorise par la même raison l'établissement des bateaux remorqueurs proposés dans la note (*B*) du même prospectus, qui dispenseront de la dépense comptée pour les chemins de hallage, et évaluée à 2 millions y compris les contre-fossés.

Il est facile de voir, d'après cela, que la dépense totale du canal de l'Essonne portée par M. Polonceau à 14 millions, dont 4,220,000 fr. pour le bief de partage, 2 millions pour les chemins de hallage et contre-fossés, et 530,000 f. pour dépenses imprévues, peut être réduite à 11 millions, puisque les trois articles ci-dessus portés à 6,750,000 fr. peuvent n'exiger qu'une dépense de 3,750,000 francs par les moyens indiqués.

Nous devons donc espérer de voir s'exécuter cette belle et utile entreprise qui promet un intérêt perpétuel de 20 à 25 pour cent aux capitalistes qui y placeront leurs fonds.

Des moyens semblables favoriseraient la construction du canal de Dieppe à Paris, par Pontoise, l'Oise pouvant fournir les eaux nécessaires à son point de partage que ne pourraient alimenter suffisamment les sources de la rivière d'Arques et celles des versants du côté de l'Oise et de la Seine ; ce projet mérite donc bien d'être examiné.

Enfin cette chute d'eau de Saint-Maur qui est de 6 mètres cubes par seconde , tombant d'environ 3 mètres et demi de hauteur , et qui équivaut au quart de la chute de Marly, pourrait être utilisée aussi , soit pour élever sur le plateau de Vincennes 6,000 mètres cubes d'eau et plus par jour, qui serviraient à alimenter Paris ; soit pour établir des usines nombreuses , telles que des filatures , des papeteries , des foulons, des martinets , etc. , ou enfin simplement des moulins à blé. Son superflu dans les hautes eaux pourrait être dirigé vers la partie basse du faubourg S.-Antoine , pour l'alimenter et arroser ses nombreux et vastes jardins. Il reste à peine deux millions à dépenser pour obtenir ce résultat , et nous croyons qu'il y aurait plus de cent pour cent à gagner dans cette opération , dans l'espace de deux années qui suffiraient pour achever ces travaux.

N'attendons pas qu'une guerre maritime survienne pour nous faire sentir davantage le besoin de ces communications et de ces usines, pour notre commerce intérieur , et pour notre industrie. Profitons de la paix pour nous créer

ces moyens, et en recueillir les fruits en cas
que cette guerre fatale arrive. Eh! mal-
heureusement elle n'arrivera que trop tôt.
D'ailleurs, les bénéfices seront assez grands ,
même en temps de paix, lorsque l'intérêt
de l'argent aura repris son taux ordinaire ,
pour déterminer les capitalistes à employer
leurs fonds de cette manière.

A Paris, ce 15 Mai 1818.